Mensagens Proféticas

Coordenação de projeto

Reinaldo Reis e Sergio Alves

Edição

Rogério Chaves

Diagramação

Reinaldo Reis

Revisão

Angela Damaceno,

Arte da capa

Reinaldo Reis

Apoio

Ponte Produções

Figueiredo, Maria da Conceição Pereira
Mensagens proféticas. / Maria da Conceição Pereira Figueiredo. – São Paulo, SP: Editora Cosmos, 2015. 108 pp., 16 ils.

ISBN: 978-85-68800-01-0

1. Biografia e genealogia. 2. História. 3. Ciência. 4. Meio Ambiente. 5. Ética. I. Figueiredo, Maria da Conceição Pereira. II. Título.
F475m CDD 130.112

Índices para catálogo sistemático:
Parapsicologia e ocultismo: Previsão e previsões: 130.112
1. História: 900
2. Ciência: 500
3. Meio Ambiente: 333.707
4. Ética: 170

Editora Cosmos
Rua Caranapatuba, 494
Jardim Umarizal
São Paulo, SP, Brasil
CEP 05756-220
www.editoracosmos.com.br
cosmos@editoracosmos.com.br

Mensagens Proféticas

Profetisa Dona Conceição

Editora Cosmos

"Agradeço a todas e todos os seres humanos...
Eu não sei agradecer apenas algumas pessoas."

Dona Conceição

Apresentação

"O mundo está cheio de coisas mágicas pacientemente à espera de nossa percepção ficar mais aguçada."

Bertrand Russell, filósofo inglês (1872-1970)

Conheci a Dona Conceição em casa de amigos e após o jantar ficamos alguns momentos a sós. Eu comentei sucintamente um importante plano em curso, com quatro possibilidades de realização. Ela, então, disse-me que nenhuma se concretizaria, mas que no fim de um ano eu conseguiria exatamente o desejado. Acreditei, aguardei com serenidade e assim aconteceu, inclusive melhor do que o imaginado.

Como não acredito em acaso, tampouco em coincidências, mas em destino e sincronicidades, rendo-me ao maravilhamento do mistério – *Mysterium Tremedum et Fascinans* – que nos estremece e deslumbra.

Li as duas primeiras versões do texto e de acordo com a minha formação em psicologia analítica de linha junguiana, comentei com os editores que estas colocações intuitivas, recolhidas do inconsciente coletivo, devem ser interpretadas como os sonhos, que muitas vezes são proféticos, de forma simbólica. Não são afirmações metonímicas, literais e, sim, metafóricas, simbólicas.

Sem mais, agradeço a deferência de ler os originais e de retribuir à Dona Conceição a simpatia, o acolhimento, a esperança e a benção que concedeu-me naquele primeiro encontro.

Com admiração e respeito,

Eduardo Cunha Farias
Médico, doutor em ciências e professor aposentado do Instituto de Ciências Biomédicas da USP e Analista Junguiano pelo Instituto Sedes Sapientiae

Sumário

Introdução

Os leitores terão oportunidade de conhecer uma série de revelações fantásticas de uma mulher ímpar, a Dona Conceição. Muitas pessoas, centenas, talvez milhares receberam consultas espirituais e orações para problemas de ordens variadas. A solidariedade faz parte de sua vida. Sua atuação é muito conhecida num bairro da zona Oeste da cidade de São Paulo, Brasil.

Segundo o que nos revelou, como parte de sua missão como profetisa, Dona Conceição recebeu no início dos anos 2000 uma série de orientações por inspiração divina para divulgar o conteúdo de determinadas profecias, importantes para a Humanidade. As profecias presentes neste livro foram reveladas no início deste século para um período definido entre os anos 2000 e 2060.

O original foi reunido em duas fases. A primeira contou com a colaboração preciosa de Luiz Fernando Musa, autor do texto de orelha do livro. A segunda contou com a contribuição dos irmãos Reinaldo, Sérgio e Marleth Reis, que somaram trechos à entrevista original. Houve uma primeira tentativa de publicar as profecias por meio de um portal na Internet, mas não logrou êxito. Esse fato atrasou um pouco o anúncio que ora fazemos com a publicação deste livro. Tal atraso fez com que algumas das revelações tenham acontecido ou estejam acontecendo nesse momento, o que não compromete significativamente o projeto, pelo contrário, colabora numa espécie de referendo do que está por vir. São revelações inéditas do grande público.

Procurou-se organizar as informações em forma de entrevistas, para facilitar a compreensão e manter o conteúdo preservado ao máximo possível. Amigos e voluntários se uniram para chegar ao resultado que agora chega às mãos do público em geral, além dos consulentes ou amigos de Dona Conceição.

Capítulo 1

Um pouco de história

Nossa protagonista, Dona Conceição, foi entrevistada em 2014 pela equipe do Museu da Pessoa, em São Paulo. Foi bom, porque somou subsídios ao livro. No sítio do museu, na internet, é possível conhecer o projeto de história oral e a entrevista completa.

Quem é a Profetisa Dona Conceição?

Meu nome é Maria da Conceição Pereira Marques, nasci em Sabinópolis, Minas Gerais, em 29 de março de 1951. A minha avó, acho que nasceu em Portugal. Ela trabalhava muito com linha, fazia linha no fuso, fazia linha e bordava, aquela coisa de Portugal, tudo ela fazia à mão, fazia vinho de folha de figo, fazia fumo, plantava pé de fumo. Ela mesmo trabalhava o fumo, que tirava, fazia o fumo, o rolo e até o pó. Plantava algodão e colhia, trabalhava a linha no fuso e costurava. Eu conheci só a avó por parte de pai, ele tinha um amor muito grande por ela, quando a gente mudava, primeiro ele fazia o quarto dela, para depois fazer o nosso.

Minha mãe não sabia ler nem escrever, o meu pai sabia bem ler e escrever. Eu conheci só a minha avó materna, mas ela não morava em Sabinópolis e sim em Belo Horizonte, com os outros filhos. O meu pai cuidava de tudo, era muito honesto, muito trabalhador.

De filhos, eram sete meninas e um menino, minha mãe não deixava o meu pai ir sozinho às festas, ele ia com a minha mãe, com as crianças. O meu pai tocando, o povo dançando e minha mãe dando mamar para criança, era muito engraçado, e eu dormindo aqui no pé dela.

Eu sou a terceira das mais novas. Quando a gente morava na roça, eu tinha que ir para escola. A minha mãe não trabalhava direto fora, naquele tempo não usava mulher trabalhar fora, minha mãe cozinhava pros caras que ajudavam o meu pai e tinha um monte de criança pequena.

O meu padrinho era juiz de direito, antigamente usava dar as crianças para quem tinha mais condição, no caso, se faltasse a mãe ou o pai, o padrinho ou a madrinha assumia, que tinha condição.

Eu era uma das primeiras da classe, eu passei forte, fizeram um vestido muito bonito para ganhar o diploma. Eu era muito forte em Língua Portuguesa. A professora mandava eu fazer composição, mas quase que eu fazia era um livro, porque ela dizia: "Faz de três páginas", mas eu fazia muito maior. E ela saía de porta em porta mostrando para as professoras: "Olha o que é que a minha aluna escreveu, olha o que é que ela escreveu", "Mas quem é que ensinou isso para ela? Vamos por no jornal, no jornal da escola".

A minha irmã, que já tava em São Paulo, me chamou: "É porque você vai trabalhar para ajudar o pai", ela foi naquela casa e me tirou de lá para vir para São Paulo e com ela trabalhar. Chegou aqui, eu fiquei muito triste. Eu tinha 13 anos, não me sentia bem porque era um outro ambiente. Ela ficou comigo no trabalho dela, era doméstica lá nos Jardins, para esse pessoal muito rico. E eles eram bons, mas a questão era que não estava acostumada, achei muito estranho, muito esquisito. Fiquei sentindo falta de casa: "Não, você não vai voltar, não vai voltar porque você tem que trabalhar para ajudar o pai, porque eu vou te por para estudar". E me pôs para estudar, mas sentia muita falta de lá, fiquei, estudei, depois não terminei o ginásio.

Em São Paulo, parece que estava meio perdida, não gostei, foi naquela época que tinha garoa, muito frio. Aquela gente tudo estranha.

Conheci pessoas muito boas, tinha uma mulher muito rica, trabalhava com arte, que me pôs para ajudar ela, ensinar como é que mexia naquelas peças. Tanto é que peguei muito costume, só passar o olho assim numa coisa cara eu já sei, cada pecinha assim, que você vende e dá para comprar um apartamento. Então só de olhar, a gente sabe, e adquiri muita experiência. Depois minha irmã alugou casa em Santo Amaro.

E eu continuei trabalhando, era novinha. Casei-me e

morei num apartamento pequenininho no Bixiga. Eu saí do trabalho, porque tinha que cuidar do menino, e ficamos bem apertados porque tinha que pagar aluguel. O marido já tinha o terreno, nós compramos assim que casamos, mas não tinha condição da gente morar lá porque a gente chegava tudo sujo de barro, era uma vila muito pobre, era mato, não tinha água. Eu tive um filho, depois tive outro filho. Esse é um pedaço da minha história.

Hoje, estou sentindo obrigação de passar essa mensagem, porque são mensagens para o século XXI que me foram inspiradas por Deus, sobre como vai ficar o futuro. Essas mensagens estão muito atrasadas, porque eu achava assim, que eu podia escrever as mensagens falando, eu deixo as mensagens, de repente eu morro, porque é o nosso fim, até porque já não sou tão nova, estou com 63 anos. Eu falei: "As pessoas vão saber o que eu preciso falar".

Fonte: www.museudapessoa.net

A vida de dona Conceição e a espiritualidade

Dona Conceição, qual foi o seu primeiro contato com a espiritualidade?

Foi na Igreja, na primeira comunhão, desde pequenininha, seguindo a religião católica.

Então a senhora é católica?

Seguindo de pai, de mãe, de avó...

A senhora já sentia algo diferente naquele tempo?

Já! Eu sentia que era uma pessoa totalmente levada por Deus. Tudo que queria, eu olhava para o céu e pedia.

A senhora tem alguma espécie de guia espiritual ou alguém que lhe orienta na vida?

Não, não. Meu guia foi sempre Deus. Uma profundidade no sentimento e uma preferência especial por Deus mesmo. Tudo para mim era Ele. E ainda é, né?

Quando a senhora começou a ter previsões?

Olha, eu comecei a ter previsões aos 28 anos. Comecei a sentir uma necessidade de aproximar mais de Deus. Eu reforcei a minha fé ainda mais aos 23 ou 24 anos, quando meu filho de quatro anos começou a ter muitos problemas de saúde. Era de garganta, alergia... e o médico falou que era preciso operar, mas tinha um pouco de medo da reação da criança. Aí eu pedi com muita fé. Naquele tempo, o meu menino Marcelo não podia tomar gelado, não podia tomar um sorvete... Se tomasse um sereno, ficava com a garganta totalmente inflamada. Pedi para Nossa Senhora de Aparecida, para São Brás interceder a Deus... E aí o menino ficou completamente bom. Hoje ele tem uma saúde de ferro, graças a Deus. Já está com 39 anos e nunca mais sentiu nada. Nunca mais mesmo. Isso me fez ter uma necessidade de agradecer. E aí aprofundei. Eu já gostava tanto Dele, imagina agora, né?

A senhora então se colocou a disposição de Deus, para retribuir de alguma forma?

É. Qual a maneira para que eu pudesse me aproximar mais, ajudar as pessoas? Eu queria muito ajudar. Quando ouvia pessoas se queixando de dor, chorando, eu dizia assim "Ah, se pudesse eu tirava isso com a mão". E é o que eu mais uso, a mão, né?[1]

Eu sei que a senhora ajuda as pessoas há muito tempo, rezando, conversando, nas festas. Gostaria, então, de perguntar quando a

1. Usar a mão aqui trata-se do benzimento que a Conceição faz. Todos os seus movimentos típicos com as mãos representam a limpeza e corte das energias negativas.

senhora percebeu que tinha um dom especial e quando começou a usá-lo?

Quando eu ia rezar de noite. Rezava assim: uma "Ave Maria", um "Pai Nosso" e tinha um livrinho da minha primeira comunhão do qual eu rezava um versículo chamado Missal Dominical. Eu acho que nem existe mais esse livro. E aí eu ia dormir... Era quando eu chegava do serviço, porque trabalhava direto, né?

A senhora trabalhava com o que naquela época?

Eu trabalhava com uma senhora e um pessoal que colecionava antiguidades. Ajudava a cuidar daquelas peças. Aí eu chegava, fazia a comida das crianças, e lá pelas nove horas, mais ou menos, tava fazendo essa oração para dormir. Eu levantava muito cedo, tinha que deixar o Júnior na escola e ir trabalhar.
Quando estava fazendo a oração e as crianças faziam barulho, eu decidia ir rezar no meu banheiro. Era o

único lugar onde via que não tinha barulho. Aí aconteceu uma situação, ouvi assim: "Eu sou o Anjo Gabriel, principal mensageiro de Deus aqui na Terra. Deus está ouvindo suas orações e eu gostaria que você ficasse mais feliz, não ficar preocupada, não ser nervosa...". E eu me senti muito bem. Ele falou que as coisas ruins Deus estava tirando, e as boas, Deus estava fortalecendo. E aí, desse dia em diante, eu fiquei mais feliz, mais alegre, era uma alegria assim muito forte.

No seu contato com o Anjo Gabriel, qual a idade da senhora?

Eu tinha mais ou menos uns 28 anos.

A senhora viu ou ouviu? Como foi isso?

Eu vi um azul e senti uma coisa contagiante. Um bem-estar que você não tem mais vontade de voltar ao seu normal. É uma questão de energia, uma coisa que nunca senti na minha vida. Aí o anjo falou para mim que Deus estava me dando o dom da profecia. E aí ele fez uma pausa e disse "você não está muito contente, porque você não sabe o que é isso". Foi aí que tive certeza de que o anjo tava falando comigo mesmo. Eu perguntei a ele o que era o dom da profecia e ele me disse assim: "Você vai falar as coisas para as pessoas. As pessoas vem te perguntar e você vai saber. Aquilo que Deus te iluminar, você vai falar para as pessoas. Muitas pessoas vão te procurar". Eu fiquei super contente, porque entendi que aquilo era uma coisa boa. Isso foi nove horas da noite. Quando foi nove horas do dia seguinte, lá no meu serviço, eu falei para o pessoal assim: "Olha, eu sei falar as coisas. Vocês podem perguntar. Porque um anjo apareceu para mim ontem de noite e disse que eu seria capaz de falar as coisas para as pessoas".

E as pessoas acreditaram na senhora?

Aí todo mundo começou a perguntar. Nós nem trabalhamos direito.

Ficou todo mundo querendo saber das coisas?

Todo mundo querendo saber. Foi uma confusão. Foram lá dentro chamar os patrões. Eles vieram e me fizeram perguntas em inglês. E eu respondi tudinho em inglês para eles. Aí eles disseram, "Conceição não sabe falar inglês. Ela nunca falou em inglês". Eu respondi que não sabia falar direito nem o português (risos). Todos ficaram impressionados depois disso. Aí eu comecei a passar aquelas energias, mas eu tava surpresa, nem eu sabia muito bem o que estava fazendo. Uma hora eu falava que era Deus, outra hora falava que era o anjo. As colegas já perguntaram "Como é que esse anjo fala com você e não fala comigo? Eu vou atrás desse anjo também".

Depois disso, eles trouxeram uma senhora que tinha problema na perna, saía assim uma espécie de água da perna dela. Brotava. E ela não tinha varizes, a perna não era inchada, mas vivia sempre com duas fraldinhas de criança enroladas na perna. E essa senhora trabalhava ainda, mesmo tendo uns 70 anos, ela ia todos os dias. Ela não trabalhava junto conosco, mas lá perto, todo mundo conhecia porque trabalhava por ali há muitos anos. Tiveram a ideia de buscar a Dona Lúcia para que eu fizesse um benzimento. Ela era mãe de santo, a gente gostava muito dela, todo mundo tinha muito respeito. Ela era muito entendida de espírito. Eu falei "Não, não, imagina se ela vai querer". A gente achava ela superior, né? Quando trouxeram ela, eu disse assim: "A senhora vai querer que eu ou o anjo faça um benzimento na senhora? Aí ela olhou fixa assim para mim, falando daquele jeito com o dedo levantado, assim como quem fala o que tem certeza. Ela disse assim: "Pode benzer. Pode rezar! Eu só vou deixar você rezar porque um pai de santo me disse há 15 anos atrás que ele não iria me curar. Mas que iria aparecer uma pessoa mais forte do que ele, que iria rezar em mim e eu ficaria boa. Será que é você, menina?". Eu respondi assim: "Ah, eu não sei. Se a senhora quiser eu faço isso aí que o anjo faz através de mim". Eu nem sabia se era reza, o que mais era.

Eu tava toda enrolada, sabe? Então eu benzi a senhora às onze horas da manhã. Quando foi no dia seguinte, não saiu mais nenhuma gota de água. A perna dela sarou completamente. Dali um mês, ela estava usando meia fina, em vez das fraldinhas. Todo mundo na região ficou querendo saber o que tinha acontecido, porque todos sabiam do problema dela. Queria saber o que foi feito para que tivesse ficado boa. Como era ela mais ligada a espírito, ela não dizia que foi Deus ou o anjo. Ela saiu dizendo "Foi a Conceição! Foi a Conceição" (risos). Eu só dizia: "Foi Deus, foi o anjo, sei lá, mas eu não fui!".

A partir desse momento, todo mundo começou a me procurar e não parou mais. Começaram a vir porque viram que ela ficou boa. Comecei também a falar sobre várias coisas e acertar.

A senhora tem a inspiração de Deus e do anjo e começa a falar?

Isso. E comecei a acertar muito nas revelações que vinham. A pessoa perdia uma coisa, perguntava aonde estava e eu era capaz de dizer mais ou menos onde estava. Teve uma vez, inclusive, que eu acertei sobre a vitória da França na Copa do mundo.

Quando a França ganhou do Brasil?

Isso. Deu França na cabeça. Dessa vez eu também acertei sobre a Alemanhã (Brasil e Alemanhã na Copa no Brasil, em 2015), falei aqui para um grande técnico de futebol nessa sala.

Capítulo 2

Mudanças sociais, revolução sexual e corrupção

Vejo[2] uma certa revolução sexual e grande corrupção, envolvendo as crianças, sexo libertino, problemas que vão acontecer nas ruas, em plena luz do dia. Depravação total, roubo de crianças e jovens.

Essas revelações compreendem o período mais recente de 2000 até 2020 mais ou menos, ou seja, já estão em curso.

As pessoas poderão voltar a morar em grupos, para proteger as crianças e jovens. Enquanto uns trabalham, outros montam guarda para evitar que grupos de raptores sequestrem as crianças. Poderão utilizar de proteção armada.

2. Procuramos manter os tempos verbais na forma com que nos revelou Dona Conceição.

A mulher terá bebê e poderá ficar sem ele já no hospital. Haverá muita corrupção, crise moral e ética, inversão de valores. As pessoas vão valer pelo dinheiro que tem. Os estudos deixarão de ser importantes. Juízes e advogados ficarão reféns desse sistema. Os que se negarem a cooperar, serão mortos. Eu vejo uma grande organização mundial de corrupção. As pessoas justas ficarão doentes, tristes ao ver tanta corrupção, e sem ter muito o que fazer.

As pessoas não vão querer empregados em suas casas, tamanha a desconfiança e medo, não vão querer mandar os filhos para escola.

Libertinagem

Juntamente com as catástrofes, estou vendo uma libertinagem muito grande no mundo. Relações íntimas entre as pessoas vão ocorrer no meio da rua, envolvimento sexual entre as pessoas, independente do gênero. As crianças namorando do jeito que namoram os adultos.

Muita bebida, muita droga, uma libertinagem total, uma coisa horrorosa. Nenhum pudor.

Quanto mais você for radical, fazer coisas que escandalizam, mais vai fazer sucesso. As pessoas, seja por medo e vergonha de se sentir por fora, apoiarão quem está procedendo de maneira errada. Coisas que ficaríamos bobos de ver. O que antes tinha limite, não terá mais.

Muita gente vai perder a fé, o que é uma bobagem. Mas sempre tem um pouco de gente que não se deixa levar.

Crianças namorando, fazendo coisas horrorosas. Os adultos querendo namoro com crianças. As crianças serão muito perseguidas, uma perversão humana. E vai ficar tão natural que a justiça não vai ligar, não vai conseguir resolver. O mundo ficará um lugar muito pesado.

Família

Veremos muitas relações homossexuais. Mulheres não se interessando pelos homens e nem os homens pela mulheres. Então não nascerá muita criança. Veremos muitos problemas de próstata, ovário e útero; e será muito difícil fecundar. Aqueles casais que ainda tentam ter filhos, terão que fazer a criança em laboratório. Vejo homem matando homem por causa de outro homem e mulher separar do marido para viver com outra mulher. Isso aí vai ser quase no mundo todo. Sendo assim, nascem poucas crianças. O casal que convive junto nem sempre terá condição de fazer criança no laboratório.

Vai ter muita gente morrendo e pouca nascendo?

É isso. E muitos morrendo jovem, muitas crianças nascendo com a saúde comprometida. Diminui o povo no mundo, ficando mais idoso que jovem. Muitos jovens morrendo por bebida e droga.

As crianças

A preocupação deste livro é muito grande com crianças e adolescentes. A tendência é que as crianças sofram demais. Essa coisa de pedofilia pode se tornar natural. Pode não ter punição nenhuma, achar que não é crime. Teremos que tomar muito cuidado com uma criança, a ponto de escondê-la. Pessoas vão propor comprar crianças por qualquer dinheiro, meninas ou meninos. Não é como um filho.

Quem tiver 12 ou 13 anos precisa de muito cuidado. Serão muito perseguidos. Não pode deixar a criança com ninguém. Vai ser no mundo inteiro, essa busca por criança. Gente negociando crianças e jovens em leilões secretos, vai ser horroroso. As crianças serão raras, não só pelas relações homossexuais, mas também pela infertilidade. Por causa de muita química, a maioria dos homens ficará estéril. Você vai ver aqueles homens grandes, mas inférteis. Vai faltar homem que consiga ter um filho. As mulheres vão brigar pelos poucos homens férteis. É bom reforçar que nem todos que estão levando uma vida com alguém do mesmo sexo significa problema. Boas relações não dependem nada da parte sexual, mas do coração e caráter de cada um. Estamos falando sobre nascer crianças. Quem leva uma vida como uma pessoa de bem, é só isso que interessa. Deus quer saber do caráter, da maneira que a pessoa procede.

Voltando às crianças, teremos problemas na escola, professor que se apaixona por aluno, ninguém se responsabilizando pelos abusos. Muita gente vai deixar de levar a criança na escola. Deixa a criança em casa.

Os prédios não vão ter área de lazer, só porta de entrada e saída, tudo com medo de mexer com os filhos. Esse pessoal que mora na roça, que tem um monte de filhos, pode ocorrer de passar caminhões com gente querendo roubar as crianças para vender. Levar de monte mesmo. As pessoas vão ficar com medo de morar no sítio, na roça, em lugares mais afastados, no interior por causa dos filhos e filhas. Se os pais não deixarem, não venderem, eles matam. Vai ser muito difícil. E se a pessoa mora isolada, ninguém vai ficar sabendo.

O governo vai fazer bastante propaganda para as pessoas tomarem cuidado. Mas mesmo assim terá muito roubo de criança. Vai ter muita gente de acordo com essa situação. Pode ser polícia, pode ser juiz. Vão fingir que não sabem, que não viram. Principalmente estrangeiro e gente de dinheiro. Vejo muito estrangeiro. Acontece aqui e em muitos outros países. Vejo gente que vai viajar só para fazer isso.

As famílias na roça vão começar a morar em grupo, igual aldeia de índio, todos juntos. Eles começam a se armar: enquanto um está dormindo, outro vigia. Se chegar um estranho, dão um tiro e todo mundo acorda. Mas muitos não podem fazer assim. É uma minoria, mas são empregados morando no terreno do patrão para ter segurança, tudo com medo de ser roubado, de perder a criança. Vejo muito perigo.

Eu acho que esse livro é uma mensagem muito importante. Se as pessoas mudarem, as coisas mudam. Nós conseguimos abrandar isso. Mas se ficarmos no nosso canto, cada um por si, aí sofreremos as consequências. Dependem de nós mesmos.

Como vamos educar as crianças nesse período? Haverá alguma saída?

Por mais que surjam essas coisas, sempre haverá uma maneira de cuidar. Só que vai dar mais trabalho, ser mais difícil. As pessoas vão se organizando conforme o perigo. Tem lugares mais e outros menos perigosos. Pode as crianças mudar de período, os pais educarem. As famílias vão se armar. O homem da própria família vai proteger. Ele cuida do filho e vai se revezando.
Muitos pais e mães, de classe mais alta, ficarão apavorados. Eles não vão querer colocar a criança na escola, por medo de perdê-la ou ter outros problemas. Começam a não matricular, inclusive nas escolas caras. Eles podem ter um filho e não registrar, ficar com a criança em casa, sem ninguém saber, para proteger os filhos.

Vejo pais que evitam isso, com medo de acontecer algo com os filhos.

Vejo muitos problemas psiquiátricos, principalmente quem tem dinheiro e quer ser direito, correto. Eles ficarão com medo de tudo, sofrerão muito as consequências de tudo isso. Eles não sairão mais, desmotivados, não farão festa, tudo por medo. Só tomarão remédio, com medo. Algumas famílias evitarão contratar empregados, com medo de colocar gente estranha. O próprio casal chegará à noite e lavará a louça, limpará o chão para ninguém precisar entrar lá.

Temos que batalhar para a sociedade não chegar até aí. Nós, seres humanos, precisamos reeducar nossa parte espiritual, senão todos sofrerão, cada um a sua maneira. *Esse livro é um aviso de Deus para repensar.* Não é um castigo. É uma ajuda para todo mundo se unir para não chegar nessas calamidades que estão começando por aí. É isso que vejo em relação a crianças e famílias.

Vejo que até o parto vão preferir fazer em casa. E não é gente simples, não. Vamos ter senhoras da sociedade que pode se especializar em parto, tudo em família para ninguém ficar sabendo do nascimento. A vida deles ficará mais reservada. Eu vejo a criança sendo cuidada dentro das casas com muita reserva e atenção redobrada por conta dos perigos. Pais e avós se anularão pela criança, que ficará sem saber de nada do que se passa lá fora. Terá alguém no meio deles para dar aula, ensinar história, geografia, tudo. Mas sobre violência, a criança não saberá de nada. Elas poderão ficar até os onze anos de idade nessa situação.

A criança terá tudo em volta, mas o contato só com gente da família. O medo vai chegar a esse ponto. É um absurdo, mas é o que vejo. Um executivo pode até falar que não tem família para não ter que se abrir. Será um período de muitas dificuldades para as famílias, mas vejo apenas como um período e depois haverá melhora. Na política, a tendência é mais ou menos ficar do mesmo jeito. Ela será uma política cada vez mais interessada num grupo radical financeiro. Vai ser uma coisa só sobre dinheiro. Não vai ter essa coisa de caridade, vai ser uma coisa fria. Como se dissessem "Se você tem um dinheiro grande, patrocino você para ficar lá em cima. Se você for ligar para a massa, para pobre, então eu não vou te apoiar".

A tendência é piorar nesse sentido, não vão querer ninguém que cause problemas. As pessoas que não tiverem dinheiro e condição, ninguém vai ligar. Poderão até ser proibidos de votar. Eles podem colocar para votar um pequeno número de gente, de pessoas que tem bastante condição, empresas, dinheiro. Algo como: "Não vamos querer o voto das pessoas mais simples, porque elas não sabem e não interessa." Essa tendência de piora é em todo o mundo.

É aí que as pessoas começam a forjar documentos, tipo estelionatário. Começa a valer só quem tem dinheiro, então as pessoas se sentem obrigadas a ir para o crime, porque não querem ser desprezadas. A tendência é o apoio a quem tem dinheiro. Se você tem, não importa o meio que conseguiu, você terá o apoio. Até o governo terá que andar dirigido por pessoas que têm muitos bens.

Se não for assim, ele cairá, sem condição de ficar no poder. A falta de dinheiro será vista como uma doença. Aí começam crimes violentos, de matar para ficar com os bens. De se juntar com juízes, promotores, delegados e governos, para fazer um complô. A pessoa dirá: "Eu quero aquelas fazendas, quero aquelas firmas. Eu dou um tanto de dinheiro para o promotor, para o juiz, para governadores, para eles fazerem os documentos."

Haverá casos até de assassinato de pessoas daquela fazenda, por exemplo, e depois, com aliados, forjar a papelada. Aí virá um grupo, no qual homens importantes da lei e do governo entram no meio e vão tomando os bens das pessoas. Matam as pessoas e não vai acontecer nada, eles ficam com os documentos falsificados e pronto. Se tiver alguma autoridade contra, ela morre, desaparece. "Você não concordou com a papelada que eu fiz, então você não vai viver. Nem você, nem sua equipe".

Ficará insuportável essa situação no mundo. As pessoas mais pobres podem acabar trabalhando por muito pouco.

Esses pobres que eu falo não são pobres igual na favela. São as pessoas que trabalham prestando serviços, até que tenha estudo superior, mas não entra nesse meio da corrupção. Eles ficam desvalorizados, podem ser até doutores. E podem se sujeitar a trabalhar para ricaços e milionários, por qualquer dinheiro. E a pessoa acabará aceitando, sem escolha. Será uma situação muito ruim. Mas vejo que isso será por pouco tempo – não consigo precisar exatamente quanto – porque Deus tomará providências. Isso não pode durar muito tempo, senão as pessoas não aguentariam. Será uma fase terrível. De multimilionários na base do dinheiro forjado, mas com poder para usar as filhas dos mais pobres para trabalhar para eles. E até servindo como mulheres deles, para trabalhar e servir, sem receber qualquer dinheiro.

É uma situação difícil, que vai ficar mais forte entre os anos 2020 e 2030. As pessoas ficarão muito desanimadas, achando que não vale a pena estudar, ou que estudou e também não adiantou nada. Pessoas terão vontade de se suicidar, pensando "puxa, eu sou tão bem preparado e tudo que eu fiz não está valendo nada". Pessoas começarão a sofrer de depressão, porque se prepararam muito e de nada adiantará.

Vale lembrar que é uma fase e deve ser rápida, porque como disse, as pessoas não aguentariam. Chegará um tempo em que essas pessoas que cometeram tais crimes serão punidas. Depois dessa fase, eu estou vendo essas pessoas com muito problemas de enfermidades. Estou vendo famílias desoladas, com essas tristezas todas que abalarão o mundo.

Capítulo 3

Catástrofes

Como consequências dessas mudanças climáticas, poderão cair do céu várias bolas de fogo, como meteoritos, como se fossem grandes números de raios, por exemplo, cinco mil raios juntos em alguns lugares. Bolas intensas que nenhum pararraio conseguiria segurar.

Dona Conceição, a senhora fala de raios, não seriam relâmpagos?

Serão como meteoritos, grandes raios, bolas de fogo, coisas elétricas, que em contato com a água fica ainda mais forte. Por exemplo, se cair perto do mar, pode ficar mais forte. Esses desastres podem acontecer em qualquer lugar, a qualquer hora. E não será possível detectar pelos "homens do tempo", serão ventos terríveis. Poderão aparecer aproveitadores para explorar as pessoas vítimas dos desastres. Farão um recrutamento, oferecendo uma nova vida em outro lugar. Navios de fachada com bandeiras falsas. As pessoas mais velhas podem ser mortas, isso durante a viagem, só vão querer os jovens, pessoas bonitas e com saúde. Venderão bebês e jovens. Não tem uma revelação específica para uma única nação. Depois desse período ruim, haverá uma melhora.[3] As pessoas vão começar a buscar uma forma de melhorar.

Ainda sobre as catástrofes – Terá ventos terríveis...

Uma das coisas que falei, a mais recente, foi a queda do meteorito. Lembra que todo mundo falou que não teria perigo para ninguém? Eu fiz a previsão numa quinta-feira. Estavam aqui na minha casa três pessoas, que eu

3. Isso vai acontecer num tempo ruim, depois terá uma melhora. Nesse momento da entrevista, Dona Conceição comenta que o livro está atrasado e fala da necessidade de se publicar logo, dada a urgência dos acontecimentos para que as pessoas possam se preparar.

atendia juntas. São pessoas bem entendidas, entre elas um engenheiro, uma professora de arte e um senhor diretor de uma editora famosa de livros. Eu estava de saída, correndo, e por isso ia só benzer os três juntos. Aí eu parei e disse "daqui até segunda-feira vai cair um negócio do céu". Aí o engenheiro falou que todo mundo já sabia e não teria nenhum perigo. Foi quando eu disse que aquilo que estava vendo cair tinha muito perigo. É um negócio que tem uma eletricidade muito forte. Vai machucar e ferir muitas pessoas, é muito perigoso. Pois é, eu falei e caiu lá na Rússia. E como aquele, outros continuarão caindo, no mundo inteiro.

Vão ter mais meteoritos desse tipo então?

Sim, de uma hora para outra podem cair aquelas coisas enormes, como se fosse um negócio elétrico, energizado. Se cair no mar pode dar maremoto. Se cair na montanha, provocará fogo no mato. Se cair na cidade, causará muitos danos. A água pode ir para cima dos prédios. E se cair num lugar que tem radiação atômica, também será perigoso. Todo lugar que guarda algum tipo de energia precisa ser muito bem protegido. Isso pode acontecer a qualquer hora, em qualquer lugar. A tendência é cair muitos.

Então senhora vê muitos caindo?

Muitos. Inclusive, esses incêndios que tem por aí e às vezes não são explicados, pode ter essa causa.
É um incêndio que acontece num lugar impossível que alguém tivesse colocado fogo.

Ninguém conseguiu prever com a tecnologia o exato lugar da queda?

Isso passou desapercebido pelas pessoas que cuidam dessas coisas.

Existe algum motivo que explica essas quedas de meteoritos tão intensa?

As profecias a esse respeito que eu tive são de agora (2013) até o ano de 2060. Terão muitas catástrofes no mundo.

Mais do que tem acontecido?

Muito mais. Por isso que eu estou pedindo a caridade de vocês me fazerem o livro. Acho que Deus quer que as pessoas tomem mais cuidado com o meio ambiente, cuidar das nascentes, evitar poluir muito o mundo. Uma engenharia especial...

Aliás, um dos cursos que vai ser mais privilegiado no mundo inteiro é o de engenharia. Precisamos mudar completamente as construções. Terão que fazer todo o possível para proteger a humanidade.

Quase como se fossem abrigos?

Isso. Deus não quer destruir nada, só ajudar. Isso não

é um castigo de Deus, é uma consequência de nossos atos mesmos. A gente mexe muito com a natureza.

Isso é resultado do que fizemos. Não tem conversa?

Com certeza. Agora temos que fazer uma cobertura maior. Deus já está ajudando em reforçar a engenharia, reforçar tudo que for necessário. Reforçar a medicina, vamos ter muitas pessoas com sequelas e problemas físicos como consequência desses desastres. Vamos precisar de médicos muito especializados em plásticas, bons cirurgiões, bons remédios.

Serão desastres sem nenhuma previsão científica mesmo? A senhora vê alguma região com mais quedas ou vai ser no mundo inteiro?

Eu vejo no mundo inteiro, mas principalmente na região da Ásia, na China, onde pode ter mais perigo. Terão aguaceiros, ventanias, furacões, desastres terríveis na região por lá. A China será um dos lugares mais atingidos pelos desastres da natureza. Sofrerão problemas seríssimos. Eu vejo chineses para tudo quanto é lado do mundo pedindo auxílio, ajuda. Muitos pobres precisando de ajuda, porque terão prejuízo demais.

A senhora vê esse tipo de desastre pelo Brasil ou aqui nas Américas?

Poderá ser em qualquer lugar do mundo. Será uma surpresa. Eu não sei por que, nessa parte dos especialistas em meteorologia, eles não estão conseguindo detectar. Na região Sul, vejo muito problema com as geleiras derretendo, mexendo com as montanhas, vejo o mar indo lá em cima, tomando alguns lugares do litoral. Isso precisamos até falar com cuidado, para as pessoas que moram ou têm negócios nesses lugares não serem prejudicadas, desesperadas. Serão ventos tão fortes que levarão árvores e prédios. Ventos com pedras, chuva, o mar junto, uma coisa terrível.

O mar pode invadir cidades inteiras. Ele invadirá áreas enormes e pode não voltar mais. Por isso eu estou falando também da engenharia. São catástrofes que homem nenhum poderá vencer sozinho. É forte demais.

Será mais um terremoto ou mais um tsunami, ou será ainda pior?

O tsunami que já vimos é uma gota do que pode acontecer. Então precisa tomar cuidado com essas usinas atômicas, teriam que estar em lugares com pouco risco dessas catástrofes, com uma blindagem tremenda.

Quer dizer, se tem um material radioativo, ele precisa estar dentro de uma bola protetora, porque aí se vier uma dessas catástrofes ele ficaria boiando no mar. Uma blindagem tão forte que mesmo sendo levada pelas águas, não escaparia radiação.

Nos Estados Unidos têm sempre risco de vazar produtos radioativos. Agora, lá na China tem muito perigo dessas catástrofes "naturais".

A senhora disse que os especialistas não conseguiriam prever as catástrofes. Como as pessoas entenderiam esses fenômenos?

Eles podem prever um vendaval forte, um maremoto, mas muitos desses acontecimentos poderão vir de surpresa.

Agora os meteoritos – quer dizer, me parece que serão uma espécie de meteoritos – ou as bolas de fogo feito milhares de raios juntos com uma energia forte, acredito que não terão como passar pelos aparelhos. São este tipo de coisas que podem ficar sem detectar. Quando o homem do tempo faz uma previsão que choverá e muitas vezes, de uma hora para outra, vem o sol, assim também serão as previsões[4] desses acontecimentos.

Vocês sabem que as mudanças no clima, no planeta estão acontecendo, não é mesmo? A tendência é essa: água invadindo todo canto, fogo, prédios caindo, bairros nobres tendo problemas gravíssimos. Coisas que

4. No final de dezembro de 2013 começamos a ouvir sobre mudanças climáticas, recordes de frio e calor etc. Dona Conceição, então, retomou o assunto das catástrofes.

uma pessoa que mora em lugar mais protegido, jamais espera. Poderá ocorrer a qualquer hora, qualquer lugar, qualquer dia, em qualquer país.

Com as muitas catástrofes, as pessoas sentirão muito medo, poderão mudar de um estado para outro, de um país para outro.

As pessoas que enfrentarem tais catástrofes poderão ficar com problemas emocionais, com medo. Elas se fecharão em casa, sem vontade de sair, outras passarão o dia rezando, muita gente tomando fortes medicações psiquiátricas.

Essas pessoas não vão conseguir ver o mar nem pela televisão, se tiver um trovão ou chuva forte, a pessoa ficará apavorada... Ou seja, refletirá na parte emocional dos seres humanos.

Basta o mar invadir um terço da cidade de Santos (SP), por exemplo, que as pessoas não irão mais para lá. Eu citei Santos, mas pode ser qualquer cidade com litoral.As pessoas estarão voltadas para esse medo, estocarão comida, com medo que possa faltar. Sabe essas manchas[5] que estão aparecendo nas praias? Isso é um aviso. Nos lugares onde aparecem, serão como um sinal para tomar cuidado com a maré. Ela poderá vir muito alta, por isso não podemos deixar crianças brincando na areia, ou seremos surpreendidos. Nada de deitar na areia para tomar sol, por exemplo. De uma hora para outra, o mar pode vir rapidamente e tomar casas e avenidas, depois as águas demorarão a voltar ao seu lugar.

Sobre o clima, outra situação séria será o calor, vejo temperaturas de até 60 graus centígrados. Por isso é importante que os engenheiros trabalhem de um modo que as pessoas não morram com o calor.

A temperatura alta poderá fazer com que não germinem os grãos, que morra o gado... o resultado será uma escassez de alimento. Os engenheiros precisarão construir estufas refrigeradas, para conservar sementes e alimentos. E quando cair a chuva, virá aquela bola

5. Durante a segunda semana de janeiro de 2014, manchas apareceram nas águas do litoral. Ela então toca no assunto em entrevista no dia 13 de janeiro.

elétrica de que falei. Vejo ainda que nos lugares onde houver geleiras, veremos derretê-las. É um dos motivos que farão a água subir. À medida que as geleiras vão derretendo, surgirão manchas vermelhas nas ondas do mar, como coisas das profundezas do gelo. Quando derretem, virão para o oceano. Essas manchas podem vir amareladas ou meio avermelhadas.

Pergunto sobre o Brasil, especificamente, no sentido das manifestações políticas, Copa, Olimpíadas etc.

Teremos muitas mudanças no nosso modo de viver. Na medida em que tivermos muito trabalho com as catástrofes, pessoas machucadas, risco de vazar produtos químicos, entre outras situações, algumas coisas mudam. As ideias das pessoas começam a se voltar totalmente para isso, a partir do medo de perder bens, perder entes queridos. As pessoas começarão a dar menos importância às coisas que hoje consideram importantes. Por exemplo, "Ai, eu perdi minha casa lá em Santos. Ah, eu não vou mais poder ter aquele terreno", "Ai, roubaram todo o meu rebanho". Então, as pessoas começam a ficar tristes, desoladas, focadas nelas mesmas. Surgirá um sentimento de revolta com a situação das perdas e farão tudo para terem seus bens de novo, mesmo que tenham que roubar.

Outras também se entristecerão e deprimirão, mas ficarão apegadas na fé.

Eles acabarão desligando automaticamente de futebol, jogos, de coisas que faziam antes. Tem gente que deixará de ir à igreja, rezar. Dirão algo assim, "Como foi acontecer tudo isso comigo e minha família?". A fé de alguns começará a ficar muito fraca.

Na medida em que mexe com as pessoas, elas começam a não ligar na história de votar, futebol, olimpíadas, nada. Se voltam para si mesmos e para a família tentando uma maneira de conservar a vida e se proteger.

No começo das catástrofes, as pessoas até se sensibilizarão em mandar ajuda e se solidarizar. Mas depois se acostumam com a coisa das catástrofes, começarão a ficar frias. São tantos os problemas que as pessoas já não ajudarão tanto mais. Onde têm esses problemas as pessoas começam a ficar muito pobres, igual numa guerra mundial. Só que não será uma guerra, mas sim problemas naturais. Começará, então, uma migração de pessoas por diversos lugares, pessoas que ficarão muito pobres, porque lá em suas terras, não haverá condição de sobrevivência.

Capítulo 4

Novos estudos

Engenharia, medicina científica e nutricionismo serão as profissões de destaque no futuro. No caso da engenharia, será por conta das catástrofes. Teremos necessidade de uma revolução nesse conhecimento para dar conta das novas situações. Construções que consigam resistir a terremotos, maremotos, queda de meteoros etc.

A medicina científica proporcionará longevidade, onde algumas pessoas viverão até 200 anos, com qualidade. Também nessa área haverá uma revolução, onde será possível construir ossos, regenerar órgãos e fabricar sangue artificial. A área de nutrição conceberá cardápios que serão verdadeiros remédios, também com a capacidade de melhorar a qualidade de vida e fazer com que as pessoas vivam mais. O médico que se forma, mas que para de estudar, não terá muita importância, somente os médicos cientistas. Teremos problemas graves de saúde causados por computadores e aparelhos eletrônicos, desde doenças advindas da radiação, vícios e a destruição da energia do corpo. Para utilizar esses aparelhos, será preciso usar luvas, capas e óculos. Será desenvolvido um tipo de produto, uma loção, para proteger as mãos, o rosto e todo o corpo, feito um protetor solar. Isso porque se descobrirá que a energia dos eletrônicos é contrária à energia do corpo.

Na questão automobilística, uma revolução vai gerar muitas brigas das novas empresas que produzirão carros menos poluentes, sustentáveis, ecológicos, com as velhas empresas que se sentirão lesadas com a perda nas vendas. Eu vejo muita espionagem. Descobrirão que alguns carros não precisarão de combustíveis.

Como disse antes, vamos precisar de novos engenheiros para melhorar a vida na terra. Será a profissão do futuro. Vamos precisar de muitos deles para reconstruir a partir do que será destruído pelas catástrofes. Será uma das profissões mais procuradas e bem pagas. E de engenheiros agrônomos para criar estufas nessas condições de temperaturas altas, de até 60 graus centígrados. Podemos aproveitar o conhecimento de países que têm muita experiência nessa questão da produção em altas temperaturas.

As máquinas de exames médicos passarão a afetar a saúde e haverá uma volta aos exames naturais. Descobrirão que a radiação prejudica a saúde. Muitas dessas máquinas estarão desreguladas. As pessoas, principalmente as com muito recursos financeiros, optarão pelos exames naturais.

Mucosas, ossos e sangue serão afetados pelos computadores. Poderá haver briga entre governos e fabricantes. Pessoas descartarão os computadores, por desgosto e tristeza.

Outras vão querer processar as empresas por conta dos vícios. Quem tem dinheiro fará hospitais particulares, com médicos exclusivos. Hospitais de grupos, por conta do natural contra tecnologia radioativa, doenças etc. Esses grupos terão hospital, médicos e nutricionistas. Este último profissional será o médico do futuro, com estudos aprofundados o remédio será o alimento. Como disse, as pessoas vão viver até 200 anos, sem muleta, com mente boa e saudável.

As pessoas com posses preferirão uma nutricionista a um mordomo. Isso por conta de que darão muita importância para a alimentação, as pessoas vão querer comer bem e direito, para terem vida longa e saúde.

Só terão valor os profissionais que buscarem se aperfeiçoar e os que não estudarem ficarão para trás. Cientistas que criam terão mais espaço e sucesso. A medicina ficará tão avançada que fabricará o homem completo, só faltando o sopro de Deus. Veremos a fabricação de ossos perfeitos e veias, sangue misturado com soro e até mesmo sangue com outra cor.

Poderão usar a própria eletricidade do corpo, ter uma relação com a energia. Não podemos ignorar a ciência. A ciência está ligada a Deus, os cientistas são homens de Deus. Ele usa os homens para fabricar as coisas, para saber das coisas. Até o homem que não tem religião pode fazer, mas por intermédio de Deus. Até um ateu pode ser usado por Deus para fazer as coisas boas. O homem tem que dar vazão. Fomos feitos à semelhança de Deus.

O homem pode tudo. Tudo que é para o nosso bem, Deus aí está. Não importando a religião que você pratica. O homem tem que dar vazão à sabedoria que Deus deu a ele.

Veremos ser possível ter um homem eletrônico. Também será possível retirar o conhecimento de uma pessoa que morreu e inseri-lo em um outro ser que ele construiu. Quer dizer, tudo pode acontecer nesse mundo, porque Deus quer progresso, Deus não é parado. Deus não proíbe de se fazer pesquisas, estudos, afinal ainda estamos atrasados em vários aspectos.

Não vamos colocar limites para a ciência que vem de Deus. Você poderá fazer uma nova pele, simplesmente aproveitando por exemplo um pedacinho de pele de um bebê e aplicando esse órgão em um idoso e a pele rejuvenescerá. Não haverá mais transplante de fígado, vão pegar um pedaço de órgão bom e colocar no ruim e ele se regenerará. O fígado velho vai ser uma espécie de adubo para a constituição de um novo. Do mesmo modo, com pulmão, fígado, intestinos etc.

A medicina será uma coisa maravilhosa, uma coisa de Deus. Isso me encanta, as mãos de Deus. Muito bonito... Isso me emociona. Pode ser que eu não veja essas mudanças, mas isso me encanta. Não tenham medo de investir nos médicos de carreira. Veremos que se o ser humano começar a comer melhor e a viver com mais tranquilidade, a nossa saúde acompanha. Nós estamos no meio dos micróbios, comemos, vivemos no meio deles, fazem parte da vida. Só precisamos ter cuidado com a obsessão com a criação de doenças, se você pensa muito sobre algo, você dá uma ordem mental para que aquilo aconteça. Se a sua energia está forte, o micróbio não fará nada. Se Deus não protegesse a humanidade, já teríamos morrido por conta dos micróbios. Temos que fazer a nossa parte. É isso o que foi falado sobre as doenças. A medicina estará perfeitamente preparada para lidar com as doenças.

Você vê muitos problemas com doenças?

Eu vejo mais problemas decorrentes das catástrofes do que com doenças. Mas vejo também, como já disse, uma série de ocorrências de doenças emocionais a partir do medo e das perdas.

Teremos muita novidade, então, com a medicina e a engenharia?

Acho que Deus quer que as pessoas tomem mais cuidado, criem uma engenharia especial. Como falei, um dos cursos mais privilegiados no mundo inteiro será engenharia. Os engenheiros vão ganhar muito dinheiro, serão disputadíssimos. Eles serão contratados por muito dinheiro, com urgência.

Nós teremos que mudar muito o jeito das construções. Vamos supor que caia uma grande ponte, então será preciso encontrar engenheiros na hora, que vão faltar no mercado. Podemos ter desastres maiores impedindo a locomoção de um lugar para outro, de um país para outro. Teremos que fazer tudo o que for possível para proteger a Humanidade.

Será preciso construir abrigos?

Sim, mas Deus não quer destruir, Ele só quer ajudar. Isso que viveremos é consequência de nós mesmos, não é um castigo. A gente mexe muito com a natureza, então a natureza responde. E a natureza não quer isso, nem Deus.

Veremos muita gente com defeito físico, elas serão salvas, mas ficarão defeituosas. Seja por uma radiação química ou catástrofe.

Teremos uma medicina e engenharia muito adiantadas. Os engenheiros construindo lugares para as pessoas viverem e os médicos construindo gente.

A senhora diz que tem muito avanço nessa área. Deus vai estar ajudando e inspirando as pessoas para que consigam esses avanços no momento em que mais precisam, ou será uma coisa dos homens mesmo, por si só?

É claro que Deus ajuda. Deus ajuda em tudo. A medicina será uma supermedicina. De maneira que nesses implantes que eu vejo, de pele por exemplo, será possível tirar um couro cabeludo inteiro de uma pessoa e colocar na outra. Você vai poder ter o cabelo do jeito que quiser, porque vai ter implante. Será feito um teste para ver se existe rejeição e se não tiver, eles implantam o novo couro cabeludo.

As pessoas que fizerem direitinho um tratamento, com a medicina avançando, as pessoas podem viver muito bem, durante muito mais tempo que hoje. E perfeitamente bem, não é assim puxando bengala e com aquela pele toda flácida, não.

É a necessidade do ser humano exigirá que a medicina melhore. E também a engenharia fabricando aparelhos para fazer a pessoa melhorar, se recuperar, poder andar, respirar, falar, ouvir... Porque a pessoa não quer morrer.

Muita novidade na área da tecnologia?

Como já disse antes, eu vejo muitos problemas com os computadores. As famílias perdendo gente por causa dos eletrônicos. Estou vendo pessoas ficando "ruins da cabeça" por conta dos eletrônicos. Pessoas viciadas em aparelhos, com câncer nos ossos e no sangue, problemas familiares, muita separação de casais.

As pessoas começam a achar que os eletrônicos prejudicaram a saúde e começam a empilhar e jogar fora. Vejo principalmente as mães e pais de família achando que os eletrônicos foi a desgraça da casa. Vai ser um tal das pessoas descartando tudo: computador, celular, tablet, todo tipo de eletrônico. As pessoas que fabricam essas coisas começam a ficar desesperadas com os prejuízos. Começam a fazer palestras, dizer que não é bem assim, que há um equívoco, serão palestras para tudo quanto é lado. Aliás, as próprias pessoas que estiverem ali ouvindo as palestras podem agredir o palestrante, a ponto do sujeito ter que sair pela porta dos fundos com ajuda de seguranças. Podem até morrer se ficarem discordando das pessoas que se sentiram prejudicadas. Como disse, veremos muitos conflitos por causa de eletrônicos, processos e indenizações altas por acharem que o filho foi prejudicado, por exemplo.

Vejo as pessoas desvalorizando totalmente os eletrônicos, descartando. Estou vendo muitos questionamentos sobre eles. Veremos, por exemplo, pessoas fazendo exame para ver se tem um tumor e a partir dos equipamentos desregulados, receber uma descarga de energia terrível nos ossos, ficar com problemas sérios nos ossos e sangue. As pessoas começarão a perceber isso e ficarão desesperadas, sem saber como fazer para cuidar da saúde.

Quem tem melhor condições financeiras poderá não querer mais fazer exames nessas máquinas muito modernas. Vão querer fazer exames como se fazia antes, de um jeito mais natural. Porque com as máquinas, podem fazer exame para uma coisa e acabar comprometendo outra. Quer dizer, em relação a saúde, vejo muita gente afetada principalmente pelos computadores e os telefones, esses aparelhinhos que as pessoas ficam direto na mão, isso aí que você toca com o dedo, tende a receber uma energia muito forte na ponta do dedo, e que vai pegando nos ossos, no sangue, nos nervos, você vai secando as defesas e os líquidos que protegem essas áreas. Os especialistas inventarão todo tipo de proteção: pode ser um creme, um líquido feito protetor solar, ou uma capa para proteger da radiação quando você for usar o computador. Isso, principalmente para quem usa muito. Uma luva para usar aqueles aparelhinhos e óculos. As pessoas poderão ficar chateadas com o computador por causa desses contatos com as próprias pessoas, ficar sem saber como vão proteger o filho, a filha e o casamento de pessoas malvadas. Com o vício em todo tipo de internet, mães e pais ficarão revoltados. Os computadores devem ser usados, sim, para um trabalho ou outro, uma diversão, mas não nessa forma de vício e uso direto que pode gerar problemas na cabeça, ficar com a cabeça fraca. Uma criança que está na escola e sempre usa os eletrônicos, pode ficar com a mente fraca, atrasar, não passar de ano, não conseguir assimilar as coisas. Isso atrapalha muito nos estudos. Vai ser pior do que os males do cigarro, do tabaco. Será preciso que os fabricantes façam uma campanha para usar com moderação e avisar dos possíveis danos. Se fizerem campanhas divulgando os riscos e a engenharia criar as proteções, as pessoas podem ficar menos revoltadas com os eletrônicos. Depois da campanha, as empresas conseguirão se livrar de ter que pagar indenização, porque alegarão que avisaram sobre os riscos.

O uso de determinados eletrônicos ou algumas tecnologias correm o risco de desaparecer?

Muitas pessoas ficarão um bom tempo sem querer ter esses aparelhos dentro de casa. E podem, em alguns países mais radicais, até proibir a entrada deles. Acontecerão desentendimentos, porque as firmas e pessoas vão querer comprar, mas o governo dirá que aquilo transmite doenças.

Alguns países serão mais radicais que outros em relação a isso. Mas acabar completamente os equipamentos, eu não estou vendo. Haverá, sim, um controle e criação de proteções para evitar a radiação. Eles podem também se aperfeiçoar mais, de modo que não aconteça tantos danos a quem usa.

Quando recebi as revelações (início dos anos 2000), ainda não estávamos tão avançados quanto hoje na questão da internet. Mas já via nas mensagens o que ocorre hoje, sobre quando alguém expõe algo sobre uma pessoa ou uma imagem, mesmo um elogio, a pessoa vai querer tirar dinheiro da situação.

Veremos muitos processos por causa disso. Sem autorização, vão pedir indenização.

Agricultura e alimentos

Por causa das catástrofes, eu estou vendo muita escassez de alimentos no mundo. As plantações devastadas pelas chuvas de pedras, ventanias, tempestades que destroem as lavouras e matam os animais. Também vejo os animais morrendo por falta de alimento.

Então, a engenharia terá que criar algo muito especial para ajudar a resolver esse problema. Os engenheiros agrônomos terão que fazer um trabalho muito eficaz, com estufas para plantas e animais. Haverá uma mudança grande na agricultura e pecuária. Com a escassez de alimentos, a pessoa pode até ir trabalhar só por um prato de comida.

O pequeno agricultor terá mais lucro que o grande agricultor. Haverá uma grande procura por alimentos naturais. As pessoas irão atrás de alimentação mais saudável, vão fiscalizar as produções naturais e se ficar comprovado a não utilização de agrotóxico, comprarão toda a produção.

As casas terão uma nutricionista para auxiliar no que comer. As pessoas poderão comprar a produção do agricultor que trabalha com alimento natural, sem nenhum tipo de veneno. Poderão buscar nos sítios e até fiscalizar se o agricultor não está colocando algo nocivo nos alimentos. Quando o agricultor terminar a colheita, já estará tudo vendido. Uma única família pode comprar toda a produção.

Capítulo 5

Uma nova religião

Nesses tempos turbulentos que teremos, onde ninguém tem certeza de nada, vamos ter movimentos na área das religiões. Eu vejo surgindo um novo grupo religioso denominado de "os cristãos". São pessoas muito iluminadas, com dons especiais, como se fossem profetas, dirigidos pela Força Divina, pelo Espírito Santo. Serão pessoas que virão de outras religiões, que racharam e formaram essa nova. No começo, as igrejas tradicionais dirão para os fiéis que esse grupo é uma seita, para eles não irem lá, mas depois uma parte das igrejas se encontrará em meio aos "cristãos". E o Espírito Santo que atua nas igrejas, se manifestará no meio deles. Nas igrejas tradicionais só permanecerá aquela fria prática religiosa, porque a força que emana da igreja – que é o

Divino Espírito Santo – vai estar no meio daqueles, dos "cristãos". Serão pessoas profundamente convertidas a Deus, cheias da presença de Deus e que cumprem com os deveres com Deus e com os seres humanos. Haverá muita briga por conta de que o Papa que estiver no poder nesse momento irá apoiar os "cristãos", revoltando todas as religiões tradicionais que não irão aceitar esse apoio. Falarão que o Papa estará louco.

Esse será o motivo da briga religiosa, levando as religiões que não aceitam os "cristãos" a se levantarem contra o Papa, podendo haver até uma invasão ao Vaticano. Aquelas práticas religiosas frias ficarão para trás.

As pessoas acharão que na igreja deles estará a presença do Espírito Santo, mas o Espírito já não estará mais lá, irá embora. Pois certamente ficará ali apenas o orgulho, a vaidade, o ódio, o luxo, e o Espírito Santo que fala a verdade, esse não estará mais lá. As pessoas começarão a ver que esse grupo dos "cristãos", tudo que falarão dará certo. As pessoas irão e receberão milagres, graças. Quando as pessoas necessitarem daquela graça e não tiverem mais como conseguir, procurarão os "cristãos". Só o fato de irem já vão ganhar a graça.

Eles não terão luxo, não usarão dinheiro, serão pessoas simples. Usam batas de algodão cru e, quando estão reunidos, usam túnicas por cima da roupa e chinelos. Aonde irão, levarão as túnicas e as colocarão quando se reunirem. Parece um pedaço de lençol com um furo para cabeça.

Os homens deixarão o cabelo e a barba crescerem. Eu vejo mais a atuação de homens, já as mulheres são mais silenciosas, ficam no apoio, colocam uma pano na cabeça, roupas simples. Um pano azul ou branco. O grupo será comentado no mundo todo. Eles poderão se reunir em praças e lugares públicos, em estádios. As pessoas vão querer saber onde eles estarão. Por exemplo, "ah, os cristãos estão na praça do Taboão da Serra"!

De repente aquele espaço fechará de tanta gente. As pessoas correm para lá. As pessoas irão até eles porque perceberão a graça e curas no meio deles. Esses cristãos serão, na maioria, muito jovens, mas pessoas boas usadas por Deus para ajudar a todos, que procurarão um melhor nível de vida para todos, uma vida mais consciente.

Estarão unidos na mesma fé, no mesmo objetivo. Vejo que reunirão em terrenos, em praças públicas. Não possuirão uma construção, uma igreja. Por exemplo, se eles precisarem usar o Anhembi [um imenso espaço de eventos, em São Paulo], eles falam: "eu preciso usar uma sala", e essa sala será cedida. Ou dizem, "vamos precisar usar a Praça da Sé" e será cedido a eles, sem precisar fazer nenhum tipo de negócio. Eles não pagarão pelo espaço, eles não mexerão com dinheiro. Fora desses encontros, eles serão pessoas com uma vida normal, com trabalho, família. Será uma coisa nova. Não consigo ver quando, mas é algo que virá ajudar muito as pessoas que querem o bem. Muitos vão deixar de seguir a religião, vão mudar a cabeça. Decadência versus perfeição, é assim que eu vejo as religiões.

Religar

Olha, a religião não vai ser essa coisa assim de você ficar rezando, orando, frequentando igreja. A religião maior será colocar em prática o bem. Essa é a reza que Deus quer.

Pode ser uma pessoa que nunca foi à igreja, não conhece Jesus, nunca foi em religião nenhuma, mas se tiver bem intencionado na construção de um mundo melhor, é esse que Deus vai usar, mesmo que ele não saiba disso. Deus convoca se a pessoa é intencionada, não aquela que fica só buscando a religião.

Aí vão ter as surpresas. Vão falar assim "nossa, esse camarada não segue nada e ele é um gênio." Porque Deus está enjoado de pessoas que seguem um monte de coisa e não cumprem com os deveres, que têm uma prática contrária com os ensinamentos religiosos.

Deus não suporta mais esse tipo de gente. Se você tiver família, eduque seus filhos para fazerem o bem, para serem pessoas de bem. Se você é agricultor, faxineiro, professor... faça bem e direito o seu trabalho. É essa a reza que Deus quer. A mensagem diz que não vale a pena tentar enganar os outros, pois não se darão bem, é preciso cumprir suas obrigações direito.

Papado

Vejo também um homem, empresário judeu, alemão e sua esposa. Eles ficarão sabendo dos "cristãos". Eles não seguirão nenhuma religião. Sua religião, na verdade, será ajudar refugiados de guerra, de catástrofes. Enviar caminhões e caminhões de doações de comida e suprimentos. Deus gosta da sua atitude, de fazer caridades, essa prática de ajudar o próximo, os necessitados.

Lutarão para ter um filho, mas sem sucesso. Saberão que poderão conseguir essa graça de ter um filho junto aos "cristãos". E eles vão procurá-los. A grande surpresa é que o filho que nascerá deles será um dos papas. Os papas serão cada vez mais novos, com 30, 40 anos. Não teremos mais papas velhos.

A mulher ficará grávida, terá um menino e esse menino, mais tarde, será um papa. Com pai judeu, o filho também será judeu, portanto... mas quando isso acontecer eles já estarão juntos com os "cristãos".

O papa que estará no poder à época apoiará os "cristãos", pois o Espírito Santo irá para o meio deles. Isso incomodará todas as pessoas que ficarão nas religiões tradicionais e elas atacarão o Vaticano.

Como o papa será judeu, ele terá acolhida em Jerusalém (Israel) e é para onde o papa deverá seguir quando o Vaticano for ameaçado. Ele passará a administrar de lá, de Israel, em um ranchinho bem simples. Na medida em que os judeus falam que o Messias virá, Roma fica desvalorizada, será atacada e se transformará em foco de crítica.

A volta do Messias

Nesses tempos, os judeus começarão a anunciar ao mundo todo a vinda do Messias e que todos precisarão doar ouro e joias, para que eles construam uma igreja para o esperado.

Se as pessoas não tomarem cuidado, os próprios cristãos podem se confundir. As pessoas podem achar que não é Jesus o que está aí, o que já conhecemos. Surgirá um conflito na cabeça das pessoas, que começarão a ser partidárias. "Óh, eu acredito no Jesus. Óh, eu acredito nos judeus. Eu estou esperando o Messias."

Serão conflitos terríveis. Até mesmo para pessoas altamente religiosas. Uns acharão que os judeus estarão certos, outros que é Jesus que esteve aqui. Muitos acreditarão nos judeus.

E as pessoas venderão terras, gado, etc. para investir o valor na igreja de ouro dos judeus, para o Messias que virá. Isso tornará os judeus muito ricos. E não seria mais os Estados Unidos (EUA) conhecidos pelo poder do dinheiro. Os judeus se tornariam uma grande nação, ganhariam riquezas para o Messias.

Muitas pessoas deixarão de acreditar em Jesus. Metade do mundo passa a acreditar que o Jesus não é aquele crucificado, mas esse dos judeus. Por isso os "cristãos" passam a ser perseguidos. Vão atacá-los e a todos que carregarem símbolos de Jesus.

As pessoas perderão a cabeça, ficarão desorientadas, passando a acreditar no que dirão os judeus e não mais em Jesus Cristo. Começarão a ser intolerantes com o outro por não acreditarem na sua crença. As pessoas não mais poderão se afirmar como cristãos. As igrejas tradicionais se esvaziarão. E começará uma revolução nas religiões.

A Bíblia e outros símbolos serão escondidos, por conta da intolerância. As pessoas ficarão intolerantes com as coisas que representarem as religiões. Se estiver com uma medalha pendurada no pescoço, ou uma fita amarrada no pulso, ou uma Bíblia, ou algo que dá a impressão que você é uma pessoa religiosa, pode dar briga no trem, no ônibus. Briga de rolar no chão. Chegará ao ponto de Bíblias serem jogadas no chão, rasgadas.

De certo modo já estamos vivenciando, nos tempos atuais, essa intolerância com os acontecimentos no Oriente Médio, onde muçulmanos são atacados por sua fé e, por sua vez, atacam também seus agressores, dentro e fora dos limites do próprio Oriente Médio. Sabotagens tenderão a acontecer em grande escala, com guerras químicas (energias ruins, bactérias etc) e vinganças de todo tipo, de lado a lado.

Ou seja, mais adiante vejo que se intensificará a intolerância religiosa. As pessoas não vão poder usar muitos símbolos religiosos, mas as pessoas usarão mais a mente e ficarão poderosas, a ponto de se uma pessoa tiver lhe prejudicando, fazendo muito mal, você mentalizará essa pessoa firmemente e poderá derrubá-la. E a pessoa não conseguirá reagir.

Vendo que os judeus se tornarão uma grande potência, com todo mundo investindo lá, os americanos também se aliarão e começarão uma guerra contra todos no Oriente Médio. Os americanos falarão algo assim como: "eu vou ajudar os judeus a ganhar todo o Oriente Médio". Os judeus serão ajudados pelos americanos e poderão conquistar toda aquela região, de ponta a ponta. Os americanos pensarão que, "se nós ajudamos os judeus a ganhar todas essas terras, todos esses poços de petróleos, então vamos ter direito a alguma parte". Eles tentarão de todas as maneiras negociar com os judeus para conseguir uma parte para si. Só que os judeus falarão: "não, não, não! Isso aqui é do meu Deus"; "não, não pode, essa terra é de Deus".

Por sua vez, os judeus acharão que receberão ajuda sem interesse. Os judeus pensarão que "não é por causa de palestinos, por causa de nenhuma raça, o negócio dos judeus é querer a terra de Deus. Então os judeus lutarão, brigarão, matarão e morrerão por causa de Deus.

Apesar dos judeus não acreditarem que Jesus é Deus. A intenção deles é defender Deus e sua terra de qualquer maneira. Os judeus farão qualquer coisa por isso. E poderá começar uma briga além da que já existe entre judeus e palestinos, uma briga religiosa entre judeus e os "cristãos". Dirão algo como "eu sou partidário de Jesus", e outro "que sou partidário de Deus está por vir, o Emanuel". Os americanos ficarão de longe, só olhando e dirão que: "eles brigam por causa do Deus deles, e os judeus brigam por causa do Messias que está para vir"; "cristãos brigando porque acham que Jesus é Deus. Quer saber de uma coisa? Eu aproveitarei e ficarei com uma parte. Deixa eles brigando aí, que quero a parte mais rica". E escolhem a parte melhor, a que interessa a eles. E Deus não gostará da atitude deles, dos americanos. Aí Deus sente!

Esse poderá ser o maior pecado do mundo. Então o que acontecerá? Com a energia atômica dos americanos, as forças dos judeus não será suficiente. Os judeus querem guerrear, não é por causa das riquezas, é pela pureza de coração que querem segurar a terra do Deus deles, ou seja, "na minha terra santa, ninguém põe a mão". Só que os americanos não entenderão assim. Aquele que está puxando para o lado de Jesus será perdoado, aquele que puxará para o lado do Messias será perdoado. Mas aquele que não está respeitando nem o Emanuel, o Messias, ou nem tão pouco Jesus, dirá "se ele não me der o que eu quero, eu mando fogo". E Deus se levantará.

As energias radioativas começarão a escapar no território dos EUA e não terá o que segure. Será uma maneira dos americanos não se levantarem violentamente, não atentarem contra esses grupos. É uma maneira de terem o que fazer na terra deles.

Ficarão desesperados, tudo que eles farão para não deixar escapar as energias, todas as coisas ruins que eles tem ali, energia atômica, micróbios, eles, com toda a sabedoria, não conseguirão segurar. E se voltarão para dentro da terra deles para cuidar daquilo. Muita gente morrerá, ficará defeituosa, e muitas pessoas vão querer mandar ajuda, mas terão medo por conta da radiação.

Eles começarão a ter que ficar em bolhas por conta das alergias, problemas de pele. Isso é um aviso para os americanos não mexerem com isso, porque poderá ser o maior pecado do mundo. Percebe por que eu tenho que deixar isso escrito? Isso não significa que o mundo vai acabar. Eu só vejo até aí. Como se baixasse uma cortina. Essa profecia não é sobre os judeus, mas sobre os americanos. É uma forma de dizer, "vocês são limitados, e não podem mais do que eu".

Radiações

Reforço que é preciso fortalecer, em todo o mundo, todas as instalações que guardam as energias radiativas e fazer tudo que for possível para proteger essas áreas. Teremos muito maremotos, terremotos, quedas de raio, tsunamis e muita queda de meteoritos. Por isso vamos precisar de um tipo especial de blindagem, como uma bolha que mesmo que tenha ondas terríveis essa blindagem não rache. Mesmo que as ondas levem esse tipo de estrutura, ela não deixa vazar as radiações.

Seres especiais

Quando a justiça da terra não estiver mais funcionando, juízes e governos, quando não tiver mais o que fazer, Deus vai mandar seres especiais para ajudar a nos reencontrar... Eles surgirão de maneira natural.

Na medida em que as geleiras vão derretendo, os terremotos derrubando os montes, surgirão lugares do mundo que nós não conhecemos ainda e está embaixo de tudo.

Na medida em que o clima esquentará, a geleira derreterá. As montanhas serão atingidas pelas águas, pedras enormes vão cair, obstruindo as estradas. Os morros balançarão, as pedras cairão, montes de terras desmontarão. E de lá surgirão os novos seres, povos inteiros que aparecem por conta das movimentações da água e da terra. São povos mais desenvolvidos e por isso foram separados do nosso convívio. Eles sabem muito, são vários, eu só vi três deles, mas serão muitos. São seres que veem, que falam e sabem tudo, serão usados por Deus. Homens brancos enormes, com mais de três metros, na região Norte, na América do Norte, pés e mãos grandes. Do Sul, eu vi uns homens morenos, com muita energia do bem – até pensei que fossem os Maias, povos sobre os quais as pessoas falam tanto. Serão pessoas muito instruídas, especiais, e foram separados do nosso meio por um período, mas eles virão nos ajudar. Daqui, na região do Nordeste do Brasil, eu vejo dinossauros enormes. Um mundo inteiro de dinossauros embaixo da terra. Mas a mente deles funciona como a mente do homem branco do Norte e do homenzinho moreno do Sul, e poderão até falar. Serão dóceis, coração como açúcar para as pessoas boas.

Vejo, por exemplo, que se o filho de alguém estiver se afogando, eles ajudarão. Entenderão tudo como seres humanos, mas terão corpos de répteis.

O simples contato com eles, com energia boa, você já mudará, melhorá. Você ficará encantado. Mas quem fizer mal, ficará com medo. Eles serão puros, com uma energia boa. Quando as pessoas encontrá-los fazendo o bem, vão até chorar, tocadas. Quando chegar aquele tempo que revelamos, onde se sequestra uma criança para pedir dinheiro, eles agirão e recuperarão a criança. Porque nesse período, a polícia e a justiça não vão servir, não terão moral e não funcionarão.

Eles, os dinossauros, ajudarão as pessoas quando estiveram sofrendo, chorando. Você chora e você muda. Não é todo mundo que verá essas criaturas, só algumas pessoas. Quando você precisar, eles aparecerão. Serão pessoas como nós, que estavam na terra antes de nós, ou até na nossa geração mesmo e que foram separadas da gente, através de montanhas, através de geleiras.

Eram pessoas especiais, que Deus protegeu para que viessem em um momento mais especial, quando o mundo estivesse cambaleando, o mundo já não tivesse mais nada de bom, governo desacreditado, toda parte da justiça desacreditada. Essas pessoas virão tanto para nos ajudar, ao homem de boa vontade – aquele que realmente quer ajuda – como também para tomar providência contra aqueles mais rebeldes que a justiça e as leis da terra já não poderão com eles. Essa ajuda, tanto o homem branco, o homem moreno com cabelo liso ou os dinossauros poderão fazer. Os dinossauros trabalharão muito nas catástrofes, nas águas, poderão até usar a cauda, enrolando nas pessoas e levando para terra... É assim que eu estou vendo. Tens uns que parecerão um polvo enorme, ele amarrará a pessoa e jogará longe se tiver uma energia ruim, mas se for energia boa eles protegerão. O socorro humano será difícil.

Se uma pessoa levar a sua criança embora, essas energias boas dos seres do bem conseguirão ver onde a criança estará. Ele vai lá onde está a criança e vem caladinho e coloca a criança a seu lado. Quando você acordar, verá a criança a seu lado, sem saber o que aconteceu. Mas para a pessoa que fez o mal, ele verá esse ser especial e levará um susto, cairá no chão, desmaiará de medo.

Esses tipos de mudanças, eu penso que vieram para ficar. A tendência é que depois dessas guerras, o papa fugindo para Israel etc., é o fim de uma Era e início de uma melhor, com esses seres maravilhosos. Por fim, nós não estamos sozinhos. Como disse, nós temos povos e civilizações separadas da gente por blocos de gelo e montanhas enormes. São pessoas que já viveram na Terra, muito especiais, que não puderam ficar no meio de nós. Serão soltos e virão para nos ajudar.

Eles não são inimigos. Vieram para nos ajudar, punindo quem deve ser punido?

A intenção não é punir... Se você for uma pessoa que está fazendo muita coisa errada, eles tem uma sensibilidade capaz de lhe encontrar onde for. Ele tem uma forma de vidência, uma energia. Ele pegará você assim na palma da mão, dentro da mão. Mas eles são muito bons, não são maus, não são justiceiros, não vão punir ninguém.

Mas as pessoas vão saber que existem estes seres?

Vão saber. Mas não é para todo mundo que eles aparecerão. Os rebeldes vão vê-los face a face e tremerão de medo. Para essas pessoas que estão fazendo maldade demais, quando pensarem que não, já estarão na frente deles.

As pessoas de bem não precisam se preocupar então? Eles estarão no mundo inteiro? E não apenas no Norte?

Eles não terão pátria, não. Estarão no mundo inteiro e virão para ajudar. Eles vão orientar as pessoas sobre a melhor maneira de viver em paz, de viver feliz. Será como se você estivesse indo numa aula, tipo professores. Agora aqui no nosso país, eu vejo esses seres em forma de dinossauros. Mas as energias deles são iguais as das pessoas.

Eles conversarão com a gente, uma nação inteira de dinossauros. Cultos, espiritualizados. Eles estarão debaixo da terra. No Brasil, surgirão principalmente na região do Norte e Nordeste. No Ceará, está a maior parte. Na medida em que o mar começar a tomar novos lugares, os montes e terras se desmancharão e surgirá essa nova civilização de dinossauros.

Pelo tamanho e força deles, a senhora vê os dinossauros como seres especiais também?

Os dinossauros são muito parecidos com os gigantes lá do Norte.

Eles têm a mesma função?

A mesma função. Uns em corpo de répteis e outros em corpo de humano. Mas é o mesmo espírito, a mesma energia. Quando a situação estiver no limite, incontrolável, virá a justiça de Deus. O juiz já esgotou a força, o governo tem medo... Aí entram esses seres espirituais. Mas isso será bem mais adiante. Esses seres ajudarão em tudo, na ciência também. Eles tem muita sabedoria, coisas que a gente nem pensa em fazer hoje, eles poderão ter uma alternativa. Podemos aprender muita coisa com eles, na medida em que ensinam as pessoas a melhorar sua maneira de ser. Quanto mais as pessoas ficarem conscientes, melhorando o mundo, melhorará a sabedoria na Terra. Eles vão mudar nosso comportamento. Primeiramente, eles vão usar muito amor, perdoar muito. A história de justiça e providência mais forte será em último caso. A tendência será ajudar. Nós seremos mais iluminados e saberemos usar as energias que nós temos, mas ainda não sabemos. Poderemos fazer maravilhas, qualquer pessoa.

Vamos poder viver num mundo melhor. Jamais eles pensam em destruição. Isso seria consequência da maldade do homem. Eles protegerão, indefesos como crianças.

Você poderá falar que serão pessoas diferentes na aparência, mas a intenção será fazer algo de bom para Terra. O medo desses seres farão com que as pessoas reflitam e parem de cometer coisas erradas. Depois eu não vejo mais nada, como se tivesse baixado um pano... Mesmo que eu queira falar, eu não vejo mais nada.

Caderno de fotos

"Eu uso mais é as mãos"

Dona Conceição reza pessoas, mistério que desenvolve há muitos anos, desde que recebeu o dom. Para isso ela usa as mãos.Para tirar aquilo que dói, que incomoda e atrapalha no físico ou no espírito. Ela também conversa muito com as pessoas que a procuram, orientando e propondo caminhos. Tudo isso com muito amor, solidariedade e doação rara de ver.

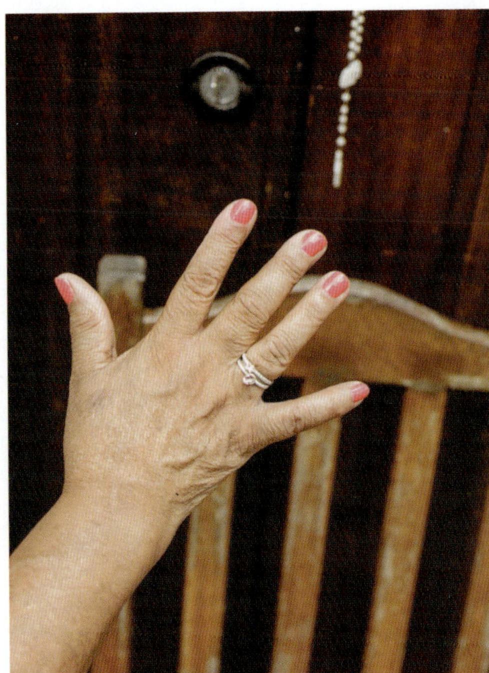

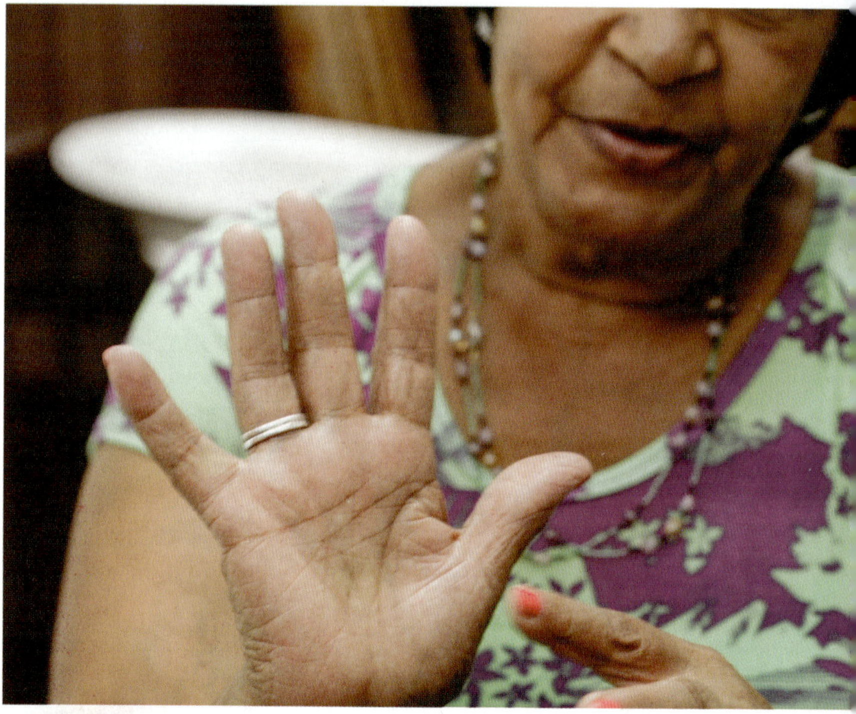

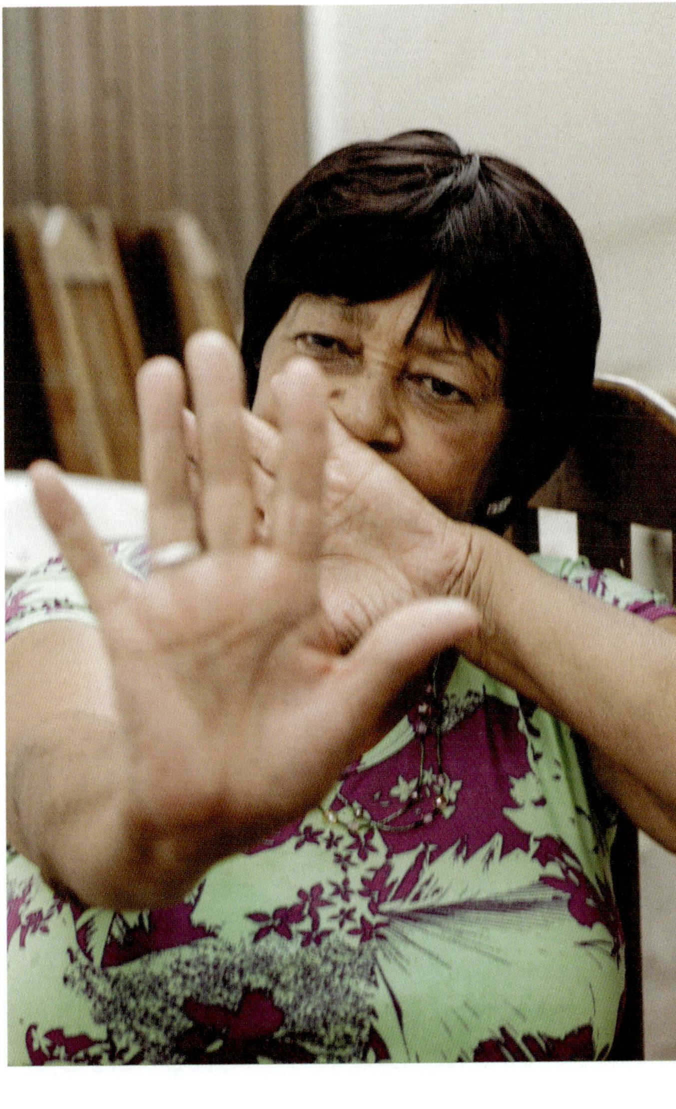

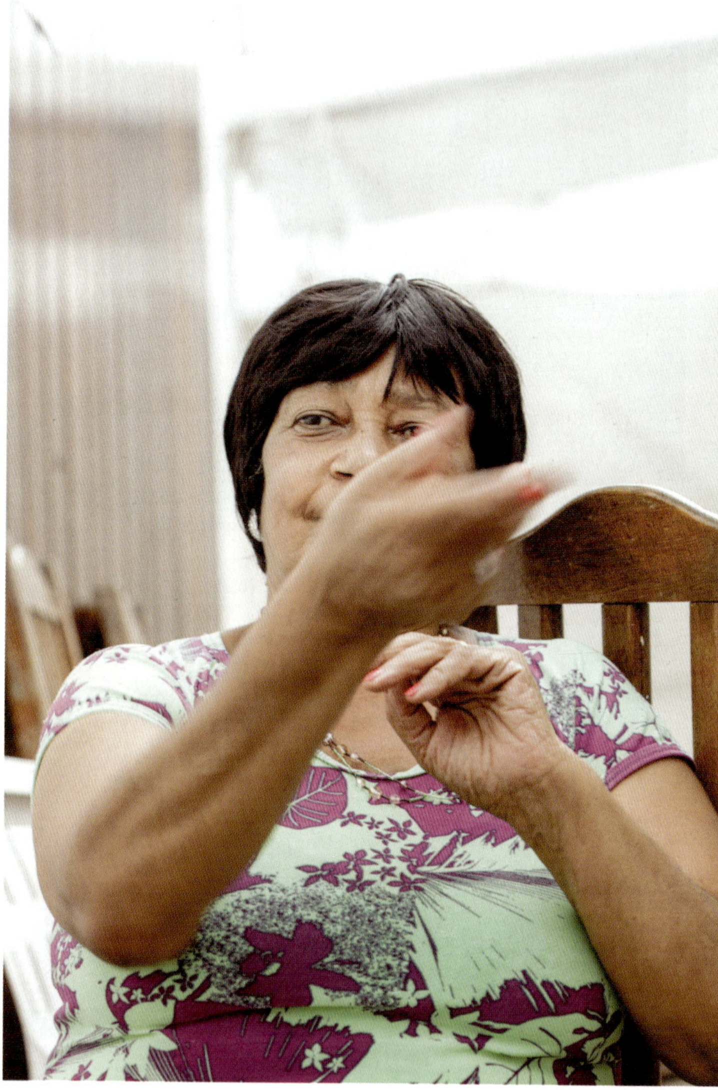

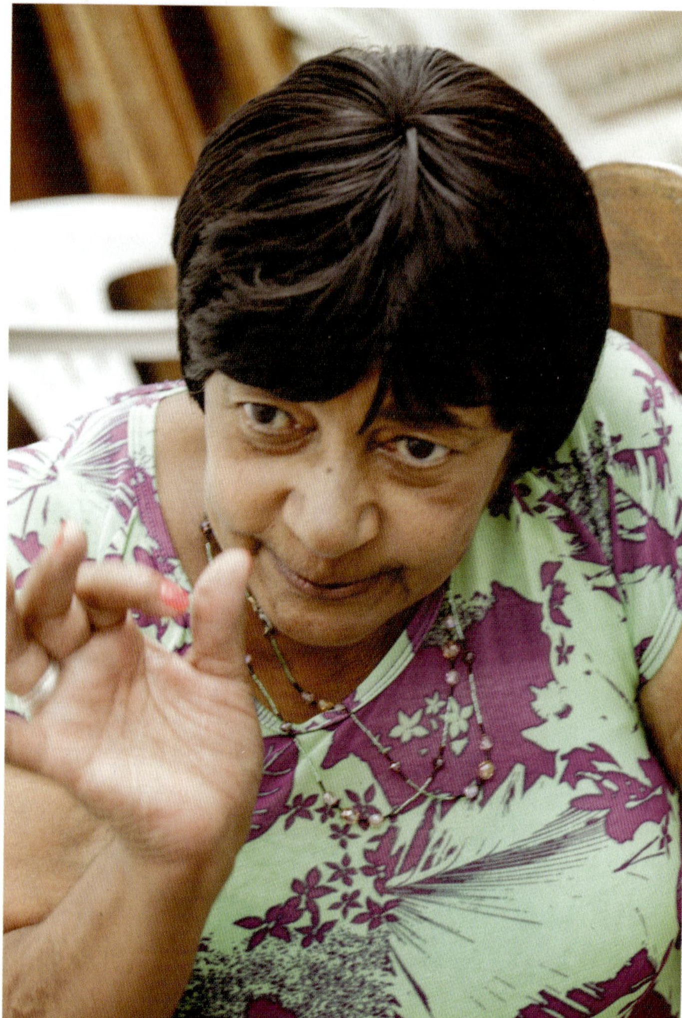

Imagens captadas pela lente do fotógrafo
Moisés Moraes.
Abril de 2015

Editora Cosmos

Projetos Especiais:

- Produção editorial
- Livro Memória
- Autores independentes
- Apoio na área de produção e comercialização de livros
- Assessoria editorial e comercial
- Produção de materiais gráficos

PUBLICAÇÕES DA EDITORA

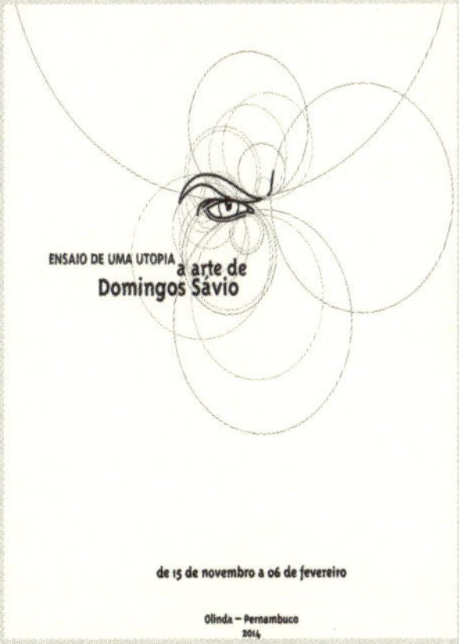

Fonte: Garamond, Charlemagne e Litos Pro
Papel: Polen Bold 90grs
Impressão: Edições Loyola
Tiragem: 3.000